INSTRUCTIONS

ENVOYÉES

PAR S. A. S. MONSEIGNEUR

LE DUC D'ORLÉANS.

INSTRUCTIONS (1)

ENVOYÉES PAR

M. LE DUC D'ORLÉANS.

Pour les personnes chargées de sa procuration aux Assemblées des Bailliages, relatives aux Etats-Généraux.

Mon intention est que mes Procureurs fondés, portent par-tout le même esprit dans les différens Bailliages où ils me représenteront, qu'ils y prennent mes intérêts, & soutiennent mes opinions, ainsi que je le ferois, si j'y étois même ; en conséquence, j'entends qu'en acceptant ma procuration, ils se regardent comme engagés d'honneur.

1°. A déclarer aux Bailliages que le Gouvernement ne peut les gêner en rien, dans ce qui concerne le choix des Députés aux

<hr>

(1) Ces Instructions sont attribuées à M. D. L. C.

(4)

Etats-Généraux ; que les Baïlliages ont dans tous les actes émanés des trois Ordres & relatifs à la convocation des Etats-Généraux, une autorité locale, semblable à celle qu'ont les Etats-Généraux eux-mêmes pour la totalité du Royaume.

Et que les Baïlliages doivent se conduire plutôt d'après ce que le bien général pourra leur prescrire, que d'après le réglement qui leur a été envoyé ; les Rois de France n'ayant jamais été dans l'usage de joindre aucun réglement à leurs Lettres de convocation.

2°. A donner leurs voix aux personnes que je leur désignerai pour l'élection des Députés aux Etats-Généraux.

3°. A faire tous leurs efforts pour faire insérer dans les cahiers des Baïlliages les articles ci-après.

ARTICLE PREMIER.

LA liberté individuelle sera garantie à tous les François. Cette liberté comprend, 1°. la liberté de vivre où l'on veut ; celle d'aller, venir, demeurer où il plaît, sans aucun empêchement, soit dans ou hors du Royaume, & sans qu'il soit besoin de permission, passeport, certificat, & autres for-

(5)

malités tendantes à gêner la liberté des citoyens.

2°. Que nul ne peut être arrêté, ou
conftitué prifonnier, qu'en vertu d'un dé-
cret, décerné par les Juges ordinaires.

3°. Que dans le cas où les Etats-Généraux jugeroient que l'emprifonnement provifoire peut être quelquefois néceffaire, il
foit ordonné que toute perfonne, ainfi arrê-
tée, foit remife dans les vingt-quatre heures
entre les mains des Juges naturels, & que
ceux-ci foient tenus de ftatuer fur ledit emprifonnement, dans le plus court délai; que,
de plus, l'élargiffement provifoire foit toujours accordé, en fourniffant caution, excepté dans les cas où le détenu feroit pré-
venu d'un délit qui entraîneroit une peine
corporelle.

4°. Qu'il foit défendu à toute autre perfonne que celle prêtant main-forte à Juftice,
foit Officiers, Soldats, Exempts, ou autres,
d'attenter à la liberté d'aucun Citoyen, en
vertu de quelque ordre que ce puiffe être,
fous peine de mort, ou au moins de punition
corporelle, ainfi qu'il fera décidé par les
Etats-Généraux.

5°. Que toute perfonne qui aura follicité,
ou figné tout ordre femblable, ou favorifé
fon exécution, pourra être *prife à partie*,

A 3

pardevant les Juges ordinaires, non-feulement pour y être condamnée à des dommages & intérêts, mais encore pour y être punie corporellement, & ainfi qu'il fera décidé.

I I.

La liberté de publier fes opinions, faifant partie de la liberté individuelle, puifque l'homme ne peut être libre, quand fa penfée eft efclave, la liberté de la preffe fera accordée indéfiniment, fauf les réferves qui peuvent être faites par les Etats-Généraux.

I I I.

Le refpect le plus abfolu pour toute lettre confiée à la Pofte, fera pareillement ordonné.

On prendra les moyens les plus fûrs d'empêcher qu'il n'y foit porté atteinte.

I V.

Tout droit de propriété fera inviolable, & nul ne pourra en être privé, même à raifon d'intérêt public, qu'il n'en foit dédommagé au plus haut prix & fans délai.

V.

Nul impôt ne fera légal & ne pourra être perçu qu'autant qu'il aura été confenti par la Nation , dans l'Affemblée des Etats-Généraux , & lefdits Etats ne pourront les confentir que pour un tems limité , & jufqu'à la prochaine tenue des Etats-Généraux , enforte que cette prochaine tenue venant à ne pas avoir lieu , tout impôt cefferoit.

V I.

Le retour périodique des Etats-Généraux fera fixé à un terme court ; & dans le cas de changement de regne , ou celui d'une Régence , ils feront affemblés extraordinairement , dans un délai de fix femaines ou deux mois. On ne négligera aucun moyen propre à affurer l'exécution de ce qui fera régié à cet égard.

V I I.

Les Miniftres feront comptables aux Etats-Généraux de l'emploi des fonds qui leur feront confiés , & refponfables auxdits États de leur conduite , en tout ce qui fera relatif aux loix du Royaume.

V I I I.

La dette de l'Etat fera confolidée.

I X.

L'impôt ne fera confenti qu'après avoir

reconnu l'étendue de la dette Nationale, & après avoir vérifié & réglé les dépenses de l'Etat.

X.

L'impôt consenti sera généralement & également réparti.

X I.

On s'occupera de la réforme de la législation civile & criminelle.

X I I.

On demandera l'établissement du divorce, comme seul moyen d'éviter le scandale des unions mal assorties, & des séparations.

X I I I.

On cherchera les meilleurs moyens d'assurer l'exécution des Loix du Royaume, ensorte qu'aucune ne puisse être enfreinte, sans que quelqu'un en soit responsable.

X I V.

On invitera les Députés aux Etats-Généraux à ne prendre aucune Délibération sur les affaires du Royaume qu'après que la liberté individuelle aura été établie, & à ne consentir l'impôt, qu'après que les Loix constitutives du Royaume auront été fixées.

X V.

Je veux, au surplus, que tous mes fondés de procuration ne portent aucun obstacle relativement à mes droits, à toutes les demandes du Tiers-Etat, qui leur paroîtront justes & raisonnables, & cela, soit que les Cahiers soient rédigés par chaque Ordre séparément, soit que cette rédaction se fasse par les trois Ordres réunis.

X V I.

Je veux que tous mes fondés de procuration qui se trouveront dans les Bailliages où on réclamera contre les droits & réglemens des Capitaineries, déclarent, en mon nom, que je consens qu'ils soient abolis, & que je me joins nommément aux Bailliages pour en demander la suppression, sous la réserve & sans porter atteinte à la conservation des droits de chasse ordinaire.

X V I I.

Je veux pareillement que sur tous les articles qui n'auront pas été prévus, ou suffisamment développés dans la présente Instruction, mes Procureurs fondés se reglent, d'après les principes exposés dans l'ouvrage y annexé, sous le titre de, *Délibérations à prendre dans les Assemblées des Bailliages ,* principes que j'adopte en général, & que je desire que mes Procureurs fondés propagent, autant qu'il sera en leur pouvoir. C'est dans cet esprit que je donne ma procuration ; je desire qu'aucun de mes Procureurs fondés ne s'en écarte, & c'est en employant tous leurs moyens à propager les principes ci - dessus, qu'ils répondront entiérement à la confiance que j'ai mise en eux.

DÉLIBÉRATIONS

A PRENDRE

DANS LES ASSEMBLÉES

DE BAILLIAGES (1).

Un homme qui part pour son Assemblée de Bailliage, cherche à se rendre raison de ce qu'on aura à y faire, & se demande : Comment nous y prendrons-nous ? Aussi-tôt se présente à son esprit cette foule de termes, anciens & nouveaux, sous lesquels est comme étouffée l'idée nette qu'on voudroit se former d'un Bailliage assemblé pour députer aux Etats-Généraux. Il songe aux *doléances*, aux *griefs*, aux *charges*, aux *instructions*, aux *cahiers*, aux *pouvoirs*, &c. &c. Il ne sait par où l'on commencera, & sur quels principes il faudra distinguer ou confondre tant d'opérations, importantes sans doute, puisqu'elles doivent préparer les Etats-Généraux.

---

(1) Elles sont attribuées à l'Auteur de *Qu'est-ce que le Tiers-Etat ?* & des *Vues sur les moyens d'exécution*, &c.

Laiſſons tous ces termes non encore dé-finis, & qui n'ont pas beſoin de l'être. Une Aſſemblée délibérante, quelque ſoit ſon objet, quelle que ſoit ſa miſſion, n'a que des délibérations à prendre. Bornons-nous donc au *Procès-verbal des Délibérations*. C'eſt l'unique piece : elle doit tout conte-nir, puiſqu'on ne peut pas ſuppoſer qu'une Aſſemblée publique ait, en outre, des inſ-tructions ſecrettes à donner à ſes Nonces.

Je diſtingue les Délibérations en trois grandes claſſes :

1°. Les Députés réunis ſe demanderont d'abord ce qu'ils ſont, & comment ils ſont. Avant de délibérer, il eſt bon, en effet, qu'ils ſachent s'ils ſont bien conſtitués pour former un corps délibérant.

2°. Après s'être expliqués d'où ils vien-nent, & ce qu'ils ſont, il eſt naturel qu'ils s'occupent de leur objet. Ils prendront en conſidération les beſoins de *l'Etat* ceux de leur *Diſtrict*, enfin ceux de leur *Ordre*.

3°. Il ne leur reſte plus qu'à élire leurs Dé-putés, après s'être rendu compte de ce qu'ils entendent par leurs Repréſentans, & par les pouvoirs qu'ils leur donnent à ce titre.

On voit qu'après ces trois claſſes de Délibérations, il n'y a plus rien à faire. Entrons dans les développemens.

PREMIERE CLASSE.

Délibérations de l'Assemblée sur elle-même.

Il est vraisemblable que les trois-Ordres ne délibéreront point en commun, du moins dans la presque totalité des Bailliages. Par une inconséquence digne des lumieres qui, de tout temps, ont éclairé le Ministere, il a marqué, d'une part, le desir de réunir les trois Ordres pour faire délibérer par têtes; & de l'autre, il réduit les Electeurs du Tiers-Etat à deux cens au plus, tandis que la Noblesse & le Clergé pourront fournir un nombre indéfini d'Electeurs. Il est clair que le troisieme Ordre, le supposât-on disposé d'ailleurs à s'unir, ne voudra point voter en commun, avec un nombre d'opinans des deux premiers Ordres, qui surpasseroit le sien. Ainsi, chaque Ordre fera ses affaires à part.

Je ne m'occupe ici que de la chambre du Tiers. Une constitution à donner à vingt-cinq millions deux cens mille individus doit être l'ouvrage des Représentans

de vingt-cinq millions d'entr'eux. C'est au
Tiers à rendre la liberté à la Nation, de
concert avec les deux autres Ordres, s'ils
se montrent dignes d'un si grand bienfait,
ou, malgré la Noblesse & le Clergé, s'il
ne se trouve dans ces deux classes que des
intentions dépravées par l'intérêt de corps.
Les Délibérations véritablement importantes seront celles de l'Ordre du Tiers,
s'il reste séparé. Lui seul n'a que l'intérêt
général en vue ; lui seul peut se regarder
comme dépositaire des pouvoirs de la
Nation. Le Tiers sent qu'il va être chargé
des destinées nationales. Ce sentiment le
guidera d'avance, même dans les simples
Délibérations de Bailliage.

Au surplus, le Clergé & la Noblesse
peuvent s'approprier la plus grande partie
des vues que nous allons indiquer.

*Premiere Délibération : sur le choix du
Président.*

Arrêté : que, suivant les loix incon-
testables d'une bonne représentation, le
Président d'un Corps représentant doit être
élu librement par l'Assemblée, & choisi
parmi ses Membres ; que cette élection
devroit, en bonne regle, se faire au scru-
tin ; mais que, n'y ayant rien encore de

pofitif dans les formes conftitutives de l'Affemblée, elle veut bien, pour cette fois feulement, nommer fon Préfident à haute voix ; qu'elle choifit pour remplir cette fonction M. ***, (bien entendu le Grand-Bailli ou celui qui préfide en vertu du Réglement) ; déclarant en même temps que M. *** doit ce choix, non à fa place, mais à la feule confiance que fa perfonne infpire à l'Affemblée.

Deuxieme Délibération : fur le choix du Secretaire & autres Officiers, &c.

Arrêté : que, le Secretaire de l'Affemblée, devant être élu librement, ainfi que tous les autres Officiers intérieurs, l'Affemblée choisît, par les mêmes raifons que ci-deffus, pour écrire & rédiger le Procès-verbal, M. *** (le Greffier du Bailliage nommé par le Roi). En outre, l'Affemblée nomme deux de fes Membres, M. *** & M. ***, pour veiller à la rédaction du Procès-verbal ; déclarant au furplus & de nouveau, que nul vote relatif aux perfonnes ne fe donnera à l'avenir qu'au fcrutin.

Troifieme Délibération : concernant les Lettres de Convocation & les Réglemens.

Arrêté : qu'il étoit de la plus extrême

nécessité aux Peuples de se nommer des Représentans pour se former en Etats-Généraux.

Arrêté : que les Réglemens qui accompagnent les Lettres de Convocation, devant être considérés comme des instructions, des avis, des conseils que Sa Majesté a bien voulu donner aux Bailliages, pour leur faciliter les moyens de former leur premiere Assemblée, il seroit fait au Roi de très-humbles remercîmens de ses instructions bienveillantes & paternelles.

Note. Je crois très-important que les Assemblées de Bailliages ne suivent pas strictement les prétendus Réglemens qu'on leur a envoyés. Ils doivent décidément ne les considérer que comme de simples instructions, parce que le pouvoir exécutif ne peut jamais avoir le droit d'influer sur les formes constitutives des Assemblées représentatives. Mais il faut être prudent dans l'inobservation que je conseille. Il ne faut se la permettre que pour les articles sur lesquels il y aura *unanimité.* D'ailleurs, le Roi a laissé aux Baillis un pouvoir *provisoire* pour lever les difficultés. Sans doute, ces Baillis sentiront très-bien que ce pouvoir doit être exercé par l'Assemblée elle-même. *Quatrieme*

Quatrième Délibération : *sur les vices de la Députation.*

Arrêté : que notre députation n'eſt pas dans les principes conſtitutionnels d'une bonne repréſentation.

1°. Parce que les Aſſemblées commettantes dont nous ſommes les Députés, ſe ſont formées, & ont délibéré d'après des regles impérieuſes, au lieu de ſe les donner elles-mêmes.

2°. Parce qu'entre les premiers Commettans & les divers Députés qui forment cette Aſſemblée, il exiſte des *dégrés intermédiaires inégaux* ; par exemple, l'Artiſan de Ville a donné ſa voix dans ſa corporation : de-là, ſes Députés ont paſſé à l'Aſſemblée de Ville, ce qui fait déja un *dégré*, enſuite les Députés de l'Aſſemblée de Ville ſe ſont réunis avec ceux des villages, &c. pour former l'Aſſemblée du Bailliage : voilà donc un ſecond dégré intermédiaire pour l'Artiſan de Ville, & le premier ſeulement pour l'Habitant de la campagne ; enfin , ſi le Bailliage eſt deſtiné à s'accoler à un autre Bailliage , on le ſoumet à un nouveau dégré, puiſque le quart des Députés qui formoient ſon Aſſemblée, ſont appellés

B

à aller voter à l'Assemblée générale des Bailliages accolés ; ce qui fait trois dégrés intermédiaires.

Nous remarquons sur-tout, que, tandis que nos premiers Commettans n'influent ici qu'à travers trois dégrés (ou deux, si c'est dans un Bailliage non accolé), le Noble & la plupart des Eccléfiaftiques font appellés à influer immédiatement dans leur Affemblée correfpondante à la nôtre ; d'où réfulte une injufte inégalité entre des Citoyens dont les droits *politiques*, comme les droits *civils*, doivent être parfaitement égaux.

Au refte, ce n'eft pas que nous ne reconnoiffions la néceffité des dégrés intermédiaires dans une Nation nombreufe, nous réclamons feulement contre un ordre de chofes où le Membre du Tiers-Etat eft plus loin de la formation de la loi, que les Membres du Clergé & de la Nôbleffe ; & nous follicitons des Etats - Généraux le redreffement de cette illégalité politique.

3°. De tous les vices qui affectent notre députation, le plus choquant, peut-être, eft la *réduction* qui a été faite de plufieurs voix à une feule, comme fi les droits *politiques* d'un Citoyen pouvoient n'être qu'une fraction des droits politiques d'un autre Citoyen. Au vice de la rédaction, on a joint l'injustice de réduire inégalement. Il se trouve que l'Artisan utile n'a valu que la moitié de l'Habitant sans état, que la moitié de son compagnon de travail, ou de son garçon, parce que ces derniers ont siégé dans l'Assemblée de Ville, où la réduction a été de 100 à 2 ; au lieu que dans l'Assemblée de corporation elle a été de 100 à 1. Enfin (dans les Bailliages accolés), il y a eu réduction sur réduction ; de maniere que les Députés d'un grand nombre de Commettans n'ont pu parvenir à la présente Assemblée qu'après avoir souffert trois réductions ; que d'autres en ont éprouvé une, tandis que le Noble & l'Ecclésiastique ont personnellement entrée dans leur chambre, & peuvent exercer individuellement autant de droits politiques, que plusieurs centaines de Membres du troisieme Ordre.

4°. Les droits politiques n'appartiennent à aucune sorte de corporation ; ils sont attachés à la qualité de Citoyen. Il est donc contraire aux loix de la représentation d'avoir assemblé les premiers Commettans des Villes par corporations, sans compter qu'avec un tel usage il arriveroit souvent qu'une corporation de deux ou trois perfonnes auroit la même députation qu'une autre corporation de cent perfonnes. Les Habitans des Villes un peu peuplées au-roient dû fe réunir par quartiers, fans diftinction de profeffions, de rangs, d'or-dres, &c. La divifion *locale* eft la feule qui puiffe avoir lieu pour tout ce qui tient à la repréfentation, par la raifon que la néceffité de fe faire repréfenter ne vient pas de la diverfité des profeffions, mais des diftances & du trop grand nombre de Citoyens. Nous ajoutons que les Députés des quartiers d'une Ville ne doivent point fe réunir à l'Affemblée de Ville pour n'en-voyer aux Bailliages que médiatement ; ils doivent être traités comme les Villages qui députent directement.

5°. Ce n'eft pas à la *propriété*, mais à la *perfonne*, qu'appartiennent les droits poli-tiques. Ainfi, puifque le Propriétaire qui a des biens dans plufieurs Bailliages n'eft pourtant qu'un individu, il ne doit pas ajouter à fon droit d'influer dans un Bail-liage, celui de fe faire repréfenter par Pro-cureur dans un autre. Tout Citoyen, riche ou pauvre, épuife fes droits politiques là où il eft. Il eft étonnant qu'on cherche encore aujourd'hui à ajouter de nouveaux privileges aux privileges anciens politiques & civils. C'eft une injuftice manifefte.

6°. Le syftême des *procurations* particulieres eft, de plus, faux & dangereux. La notion de Repréfentant, en politique, fuppofe, non pas *un* Repréfenté abfent, mais *une maffe* de Citoyens-Commettans, que leur nombre ou leur éloignement empêche de paroître au lieu de l'Affemblée. Sans ces deux raifons, il n'y auroit pas de repréfentation ; les Citoyens paroîtroient pour eux-mêmes. Quand on a droit de fe préfenter foi-même, tout le monde doit avoir le même droit ; de-là, il fuit que celui qui fe préfente doit fe préfenter pour foi, & non pour un autre. D'ailleurs ce fyftême introduiroit le danger de l'inégalité d'influence dans la même Affemblée, inégalité abfolument oppofée aux loix d'un Corps délibérant.

Par toutes ces confidérations, & beaucoup d'autres qu'il feroit trop long de détailler, l'Affemblée ne peut s'empêcher de trouver fa formation extrêmement vicieufe ; mais elle fait attention que les Etats-Généraux preffent, que les befoins de la Nation ne fouffrent aucun délai, & que n'ayant, par conféquent, point le temps de confulter fes Commettans fur tout ce qui lui manque, elle fe croit obligée, à raifon des circonftances, de paſſer outre ; ſe contentant de faire porter aux prochains Etats-Généraux ſes précédens Arrêtés, dans l'eſpérance que la conſtitution qui ſera donnée à la France embraſſera toutes les Aſſemblées élémentaires, à commencer par celles des Paroiſſes.

Cinquieme Délibération : ſur la non-réunion des Ordres.

Arrêté : qu'il eſt, ſans doute, dans les bons principes de faire élire la Députation univerſelle par la généralité des Electeurs, ſans diſtinction d'Ordres, puiſque ſi la miſſion de chaque Repréſentant ne vient pas de tous, on ne peut pas dire que chaque Député ſoit Repréſentant de tous, ſans diſtinction d'Ordres. Mais le Tiers ne peut conſentir à une réunion, qui ne ſeroit qu'apparente, tant que l'on ne commencera point par abolir les injuſtes inégalités qui ſéparent les privilégiés des non-privilégiés. La confuſion, ou l'alliance des Ordres, deſirable par tous les amis de la Nation, ne l'eſt cependant, & ne peut être effectuée que ſur les principes ſuivans :

1°. Qu'auparavant tous les *privileges* qui diviſent les Ordres ſeront révoqués. Il eſt abſurde que la Loi, ouvrage de la volonté

commune, inftrument créé, établi pour la
protection commune, fe change en inftrument de faveur, diftribuant aux uns des
préférences aux dépens des autres. Le véritable Légiflateur n'oubliera pas, fans
doute, que loin de faire naître des inégalités factices parmi les Citoyens, il eft
chargé, au contraire, d'empêcher les trop
mauvais effets des inégalités naturelles ;
que loin d'affoiblir la foibleffe & de for-
tifier la force, il doit garantir à la foibleffe
qu'elle ne fera point dominée par la force,
& affurer à chaque Citoyen la liberté de
difpofer, à fon gré, de fa perfonne & de
fa propriété.

2°. Comme les *privileges* ne font pas
moins injuftes & moins odieux dans les
drojts *politiques* que dans les droits *civils*,
le Tiers ne peut point voter en commun,
avec des Citoyens dont l'influence fur la
formation de la Loi continueroit à être
plus rapprochée, & infiniment plus con-
fidérable que la fienne. Il ne lui appartient
point de reconnoître & de confacrer, par
une démarche imprudente, la monftrueufe
difproportion qui s'eft gliffée à cet égard,
dans des temps malheureux, entre l'homme
noble & celui de l'Ordre commun. Ce n'eft
pas au Tiers à profeffer que la minorité

puiffe jamais être fubftituée aux droits de la pluralité , & que la loi commune doive être formée contre l'intérêt commun , en faveur de l'intérêt de Corps. Ce n'eft qu'improprement que le Tiers eft appellé un Ordre ; il eft la Nation ; il n'a point d'intérêt de Corps à défendre ; fon unique objet eft l'intérêt national. Le Tiers-Etat, ou plutôt la Nation , ne demande pas mieux que de faire de l'enfemble des Citoyens *un feul* Corps focial ; mais il faut auparavant que la Loi , devenue plus éclairée & plus jufte, laiffe à tous les Membres de la fociété les mêmes droits *civils & politiques* (1).

____

(1) Je me doute qu'on pourra engager la Nobleffe & le Clergé à fe réunir, afin de préparer , pour les Etats-Généraux, la formation de tous les Privilégiés en un feul Ordre. Cette vue eft totalement dans les principes du Miniftere , & elle eft contraire à la bonne politique. D'abord on fçait que l'état focial ne fera jamais bien conftitué , tant qu'on tiendra à la divifion des Ordres. Or, ne femble-t-il pas qu'en laiffant les trois Ordres féparés, on fera plus près de fentir la néceffité de n'en faire qu'un, que s'ils étoient réduits à deux ? *Trois* Ordres embarraffent ; la queftion de leur fuppreffion eft *incertaine* ; fi vous n'en aviez que deux, cette queftion deviendroit inabordable ; il vaudroit mieux qu'il y en eût dix à douze. En fecond lieu, ne voit-on pas que le parti miniftériel s'établira, fans difficulté, troifieme partie de la Légiflature, s'il y a deux Chambres de Repréfentans, ne fût-ce que pour remplir le nombre 3, & pour imiter ici ce qu'on fait ailleurs ? Au lieu que fi les trois Ordres reftent féparés jufqu'au moment heureux où ils feront remplacés

Sixieme Délibération : Sur les privilèges particuliers à quelques Membres du Tiers.

Arrêté : qu'on ne se permettra d'élire, quoique dans l'Ordre du Tiers, aucun Privilégié, s'il ne renonce à l'inftant à toute efpece de privilèges qui le diftingueroient de l'Ordre commun, jufqu'au moment où les Etats – Généraux les reftitueront, ces privilèges, comme des droits communs à la généralité des Citoyens. L'Affemblée ne penfe pas que la Chambre du Tiers aux Etats-Généraux ait befoin du concours du Clergé & de la Nobleffe, pour ftatuer ce grand acte de juftice qui ne regarde que fon Ordre ; car, fans doute, on ne niera pas que tous les Membres du Tiers ne puiffent avoir les mêmes droits civils & politiques. L'Affemblée regarde le ftatut qu'elle réclame ici comme un des moyens les plus prompts & les plus efficaces pour rapprocher les Ordres, & les unir d'un

---

tout de fuite par trois fections de la même députation nationale, on peut efpérer, dans cette fuppofition, d'écarter tout-à-fait le pouvoir exécutif de la Légiflature ; car il n'y aura jamais une véritable liberté politique, tant que ces deux pouvoirs ne feront pas féparés rigoureufement.

même intérêt. Que si, par des motifs impossibles à prévoir, on ne faisoit point droit à cette demande dans la premiere tenue des Etats, la renonciation ci-dessus subsistera jusqu'au moment retardé, mais inévitable de la justice.

Note. Pour engager à cette renonciation de la part des Candidats à la députation du Bailliage, on observera, dans les avis, que toute exemption pécuniaire devant cesser aux prochains Etats-Généraux, la cession anticipée & volontaire qu'on exige ici de la part des Députés n'est, au fond, qu'un acte honorable, sans être onéreux.

IIᵉ. CLASSE.

Délibérations concernant les besoins publics.

POUR mettre de l'ordre dans le Procès-verbal, & une sorte de rang proportionné à l'importance des objets qui doivent être discutés dans l'Assemblée, on divisera la matiere en plusieurs parties. La Noblesse & le Clergé peuvent la diviser en trois.

Befoins de l'Etat.

Befoins du Bailliage.

Befoins de l'Ordre.

Le Tiers peut ne traiter que les deux premieres parties; il lui appartient, & il n'appartient qu'à lui, de confondre les befoins de fon Ordre avec ceux de l'Etat ou de la Nation.

PREMIERE PARTIE.

Befoins de l'Etat.

OBSERVATIONS. Ce feroit une folie d'efpérer que les Etats-Généraux puiffent, à leur premiere tenue, s'occuper efficacement de tous les befoins publics, & de l'univerfalité des demandes particulieres qui feront portées par les Députés. Mille raifons affez généralement fenties, nous prouvent aujourd'hui que l'Affemblée nationale doit, à fa premiere feffion, fe réduire à ne faire que le moins poffible; ce fera chez elle un grand acte de fageffe, que de fe borner aux foins véritablement preffans.

A cette vue de bonne politique, joi-gons-en d'autres.. Le Tiers-Etat qui, dans ce moment, attire & doit attirer toute

l'attention , parce que c'eſt lui qui repré-
ſente la France, que c'eſt lui qui a le plus
de demandes à former , & qu'il eſt le plus
intéreſſé à la reſtauration nationale ; le
Tiers-Etat a deux grands objets à remplir.

1°. Il deſire , en commun , avec les
deux autres Ordres, de *limiter* toutes les
parties du pouvoir exécutif. Car aucun
pouvoir ne peut être arbitraire , tous doivent connoître des limites , ou ce ſont des
monſtres en politique.

2°. Après avoir garanti la Nation contre
les abus du pouvoir miniſtériel , le Tiers
doit avoir pour objet de la défendre contre
les privilèges. Au fond , le deſpotiſme des
Miniſtres eſt moins fâcheux pour le Peuple
que le deſpotiſme des Ariſtocrates : ſi, donc,
j'intervertis l'ordre de ces deux queſtions ,
ce n'eſt que parce que le Tiers, à mon avis,
riſqueroit de plonger la France dans une
ſituation affreuſe , du moins pour quelque
temps , s'il ne ſuivoit la marche que nous
traçons ici.

Il ſongera donc , d'abord , aux beſoins
publics d'un intérêt commun aux trois
Ordres. Tous enſemble commenceront par
attaquer ce qu'ils peuvent appeller l'ennemi
commun, c'eſt-à-dire, l'illimitation du pouvoir exécutif. Ils aſſureront la liberté indi-

viduelle ; ils fe faifiront de toutes les parties de l'Adminiftration des finances ; ils créeront une conftitution ; ils y attacheront infé-parablement la force pécuniaire , &c. Tels font les objets que j'appelle d'un befoin preffant. Il eft clair , qu'excepté pour les développemens de la conftitution , il n'y a rien , dans cette fuite d'opérations , qui ne doive être recherché , & promu avec la même ardeur , par les trois Ordres à-la-fois , & qu'ainfi nous pouvons efpérer de retirer quelque fruit de la premiere tenue des Etats-Généraux.

Mais , en fe bornant à ftatuer ce qu'il y a de plus effentiel & de plus urgent , l'Affemblée nationale ne fe refufera point à accueillir toutes les plaintes, toutes les demandes , &c. Elle déclarera qu'elle fe propofe dans les feffions fuivantes, de les prendre toutes en confidération ; mais , ajoutera-t-elle , fur une multitude d'objets auffi importans que difficiles , & pour lef-quels , indépendamment du temps , il faut fe procurer des inftruCtions & des renfei-gnemens exaCts ; il paroît jufte & conve-nable de confulter les Peuples, dans leurs trois degrés de repréfentation, c'eft-à-dire dans les Affemblées paroiffiales ou *primaires,* dans celles de diftriCt ou *fecondaires ,* &

(30)

dans celles de province ou *tertiaires*; car le complément d'une reſtauration univerſelle doit être accompagné & éclairé par le vœu & les lumieres de la généralité des Citoyens. On ſent aſſez les nombreux avantages de cette conduite de la part des Etats-Généraux, pour nous diſpenſer de développemens ultérieurs, &c. . . . .

Les vœux des Aſſemblées de Bailliage, relativement aux beſoins communs, embraſſent 1°. la poſture dans laquelle l'Aſſemblée nationale doit ſe mettre vis-à-vis du pouvoir miniſtériel, il faut qu'elle puiſſe délibérer librement & ſans crainte; 2°. elle s'occupera alors des beſoins nationaux les plus preſſans, dans le ſens que nous venons d'expliquer; 3°. elle compoſera, des autres beſoins & des demandes de quelque intérêt, une liſte, pour l'envoyer aux Aſſemblées repréſentatives inférieures, à qui elle demandera les renſeignemens locaux & toutes les inſtructions poſſibles. Parcourons ces trois diviſions.

PREMIERE DIVISION.

Sur la liberté & les formes de l'Aſſemblée nationale.

Il eſt inutile d'obſerver que le terme

d'*arrêté* n'a de valeur ici , que comme de-mande ou inftruction.

Premieres Délibérations : fur l'élection du Préfident , & pour inviter les Etats-Généraux à s'affurer toute liberté dans l'exercice du pouvoir légiflatif.

Arrêté : que le pouvoir légiflatif réfidant effentiellement dans la volonté nationale , il doit être exercé par le Corps des Repré-fentans de la Nation.

Arrêté : que les Etats-Généraux doivent élire librement leurs Préfidens , fans diftinc-tion de Provinces , & que pour mettre la plus parfaite égalité entr'elles , les Préfidens feront hebdomadaires , & pris alternative-ment dans chaque Province. Et fi le Tiers fe réunit dans la même falle avec les autres Ordres , que le Préfident fera pris indiftinc-tement dans les trois Ordres.

Arrêté : que les places feront occupées par les Députés , fans diftinction d'Ordres , de Provinces ou de Députation ; que fi les Etats-Généraux veulent obferver des divi-fions d'Ordres , de Provinces ou de Dé-putation , il faut au moins chercher à éviter tout ce qui pourroit laiffer préfumer quelque prééminence de l'un fur l'autre , parce que

dans une Affemblée de Repréfentans, il ne
peut y avoir ni fupériorité ni infériorité,
fous aucun rapport poffible.

A cet égard, il eft facile de difpofer
l'Affemblée en rond ou en ovale, afin
qu'il n'y ait point de haut bout, & qu'aucune Province, ou aucun Ordre ne puiffe
être regardé comme étant à la fuite d'un
autre. Quant au rang des opinions, on
n'auroit qu'à placer le fauteuil du Préfident
hebdomadaire à la droite ou à la gauche
de fa Divifion provinciale, & les avis fe
recueilleroient de la droite à la gauche;
par là, chaque Province, à fon tour, aura
le premier rang d'opinions, les jaloufies
feront prévenues, & ce fera un obftacle
de moins à l'utilité des Etats-Généraux.

Dans le cas où les Chambres refteroient
féparées, le Tiers obfervera, chez lui,
ces différentes regles, pour jouir de la plus
parfaite égalité.

Arrêté : que pour s'affurer toute liberté,
à leur premiere tenue, les Etats-Généraux
ne peuvent mieux faire que de fupprimer
tous les impôts, comme étant illégaux,
& de les recréer tout de fuite provifoire-
ment, & feulement jufqu'à la fin de l'Affemblée, attendu qu'elle veut ftatuer de
nouveau fur ce grand objet, avant fa premiere

miere féparation. De cette forte, elle fe garantira du danger d'une diffolution invo- lontaire ; elle pourra fe livrer fans crainte à tout ce que lui paroîtront exiger les af- faires nationales, & ce n'eft que quand elle le jugera à propos, qu'elle clôra fa pre- miere feffion par le vote des impôts, lequel ne doit jamais être que la derniere des opérations.

Seconde Délibération : pour faire ceffer les inquiétudes , confolider le crédit , & fe rallier la confiance & l'opinion publiques.

Arrêté : que la dette fera confolidée, dans l'état où elle fe trouve aujourd'hui ; qu'à l'avenir tout Emprunt public , qui ne feroit pas fait , ou autorifé par la Nation , fera nul , fous quelque nom ou forme qu'il pût fe déguifer ; & qu'il fera pourvu , dans la premiere feffion , non-feulement au paie- ment des intérêts annuels , mais encore à un fonds de rembourfement graduel.

Troifième Délibération : fur la permanence, la police, & les formes de l'Affemblée nationale , &c. . . .

Arrêté : qu'il feroit important pour la

confiance publique , & pour le fuccès des grandes opérations des Etats – Généraux, qu'ils ftatuaffent, dès le principe, leur *permanence ;* mais au moins cette *permanence ,* fi néceffaire à un pouvoir légiflatif bien conftitué , doit être établie avec la conftitution , comme en faifant une partie effentielle.

Arrêté : que les Députés nationaux ne feront point refponfables au pouvoir exécutif, d'aucunes paroles, écrits ou démarches relatifs aux affaires publiques ; mais qu'il fera pourvu, dans l'Affemblée même, à une police perfonnelle, foit pour le bon ordre intérieur, foit pour livrer à la Juftice ordinaire, après l'avoir exclus, tout Membre qui auroit mérité d'y être traduit.

Arrêté : que les Commiffions que les Etats-Généraux nommeront dans leur fein, le feront par l'Affemblée elle-même, & non par le Préfident, & que les Commiffaires pourront être propofés par tous les Membres.

Arrêté : que le Préfident ne doit pas avoir la voix prépondérante, mais que le droit de *départager* les voix fera accordé parl'Affemblée à un ou plufieurs Députés élus pour cela, au fcrutin, tous les quinze jours.

Arrêté : qu'aucune motion ou propofi-tion ne fera délibérée fur le champ , fi un feul Membre requiert fon renvoi à un autre jour, qui fera fixé par l'Affemblée.

Arrêté : que les Commiffions , nommées pour préparer les matieres , ne peuvent ja-mais prendre fur elles de rien décider , la confiance des Peuples ayant été accordée , non à quelques Députés , mais au Corps des Repréfentans.

Arrêté : que le pouvoir légiflatif confié au Corps des Repréfentans , ne peut point être *fubdélégué*, & qu'il ne doit être donné à aucune Députution , même compofée des Membres des trois Ordres , le pouvoir de rien ftatuer au nom de l'Affemblée gé, nérale.

DEUXIEME DIVISION.

Befoins nationaux les plus preffans.

C'eft ici la partie la plus intéreffante du Procès-verbal.

LA DÉCLARATION DES DROITS. Ce n'eft pas qu'une charte de plus , fût-elle jurée & fignée, fuffife pour garentir aux Citoyens la liberté dans leur chofe & dans leur per-fonne. Mais cette piece fera très-utile , en préfentant à tous la connoiffance des grands droits fociaux ; en retenant l'imagination qui ne connoît point de bornes ; & en faifant naître cet intérêt puiffant que l'on porte généralement à ce que l'on fait être fa jufte propriété. Sous ces trois points de vue , une déclaration des droits fera précieufe à la Nation.

Pour s'expliquer ce que font les droits qu'il s'agit de déclarer, & les deux principales raifons qui doivent engager le pouvoir conftituant à donner cette déclaration, il faut reprendre notre fujet de plus haut.

Souvenons-nous qu'une Nation qui députe des Repréfentans , foit pour former une conftitution , foit pour exercer la légiflature ordinaire , leur confie, pour remplir leur miffion , tous les pouvoirs néceffaires , & non au-delà.

A la Nation appartient la plénitude de tous les pouvoirs, de tous les droits, parce que la Nation eft, fans aucune différence, ce qu'eft un individu dans l'état de nature, lequel individu eft, fans difficulté, tout pour lui-même.

L'individu, comme la Nation, a befoin d'un gouvernement pour fe conduire. Dans l'individu , c'eft la nature qui a pris foin de mettre une volonté pour délibérer &

ſe décider, des bras pour agir, enfin des muſcles pour ſoutenir le pouvoir exécutif. Dans une nation, au contraire, comme elle n'eſt qu'un Corps d'inſtitution poſitive, c'eſt aux Aſſociés qui la compoſent à lui donner une volonté, une action, & une force communes. On voit que les matériaux de cette triple inſtitution y ſont abondamment. Nous n'avons pas à parler ici de l'action & de la force nationales.

Les volontés individuelles ſont les vrais élémens de la volonté commune, & l'on ſent comment, chez un Peuple nombreux, cette volonté commune peut ſe former par un Corps de Repréſentans.

L'individu n'a pas à craindre que ſa volonté puiſſe ſe tourner contre ſon intérêt. Toutes les parties de ſon Gouvernement correſpondent fort bien enſemble, à moins qu'il ne ſoit fou. Une Nation eſt expoſée à plus de dangers.

Ses Repréſentans pourroient, s'ils étoient mal conſtitués, ſe faire un intérêt à part, & c'eſt la grande raiſon pour laquelle on a prouvé, en dernier lieu, que le pouvoir conſtituant devoit être différent du pouvoir conſtitué. Dans cet eſprit, l'Aſſemblée conſtituante ne ſe borne pas à organiſer le Corps légiſlatif ordinaire ; il eſt clair qu'après lui avoir donné des jambes & des forces pour marcher, il faut encore lui marquer fon *but*, & lui dire : tu iras là, & non ailleurs. Ce but, c'eſt la déclaration des droits qui le lui indique, & elle ſe réduit à développer les points principaux qui ſont dans ces deux mots *liberté & propriété*. . . . .

L'Aſſemblée conſtituante ſe propoſe donc deux objets, lorſqu'elle joint à une conſtitution ce que nous nommons la DÉCLARATION DES DROITS. 1°. Elle marque au corps légiſtatif le *but* ſocial pour lequel il eſt créé & organiſé, elle lui laiſſe tout pouvoir, toute force pour y aller d'un pas ferme, & en même temps elle l'entoure de précautions, telles qu'il n'a plus ni pouvoir ni force, au moment qu'il voudroit ſortir de la route qui lui a été tracée.

2°. Une déclaration des droits eſt encore, avons nous dit, le vrai moyen de pénétrer la généralité des Citoyens, des principes eſſentiels à toute aſſociation humaine légitime, c'eſt-à-dire, libre. Ce n'eſt pas que les bons eſprits ne puiſſent lire ces principes dans le droit naturel, mais les neuf dixiemes de l'eſpece humaine, dans ce ſens, ne ſavent pas lire ; il faut leur apprendre ce qu'il eſt important qu'ils ſachent, comme on leur enſeigne le ca-

théchifme. D'autres en très-grand nombre
feront capables de faifir & de fentir le
vérité des bons principes, mais ils ont
befoin d'être un peu aidés. Ils n'apper-
çoivent fur le plan de la nature que ce qui
eft en *faillie*. C'eft donc au Légiflateur à
faire *reffortir* les parties effentielles qu'on
ne doit point perdre de vue. Pour ces
deux claffes d'hommes , on ne fauroit
mettre trop de folemnité au travail par
lequel on détachera du droit naturel , pour
en frapper tous les regards, les droits uni-
verfels de l'homme & du Citoyen , &c.

On voit comment une déclaration des
droits eft un befoin conftitutionnel. Dans
notre pofition actuelle, nous fommes bien
éloignés de ne nous conduire que d'après
les principes de l'ordre focial. On va confondre aux prochains Etats-Généraux le
pouvoir conftituant avec le pouvoir légiflatif conftitué, & il faudra bien fouffrir
cette ufurpation , comme nous fouffririons
fans doute que nos amis entrepriffent
d'arracher notre bien des mains de l'étran-
ger , quoique fans procuration fpéciale de
notre part. L'effentiel pour nous, fera que
lesEtats-Généraux en faffent un bon ufage,
& qu'en s'attribuant le droit de nous donner
une conftitution, ils y placent un principe

de réformation propre à se développer, à suivre toujours le progrès des lumieres, & à la rappeller à sa véritable origine.

Arrêté : que les Etats-Généraux commenceront par présenter aux Peuples le tableau de leurs droits essentiels, sous le nom de *déclaration des droits*.

Arrêté: que la deuxieme délibération des Etats-Généraux sera pour égaliser l'*impôt*, & les *peines*. Quant à l'impôt, il ne peut y avoir de difficulté : le Tiers déclarera qu'il ne donnera jamais son consentement à aucun impôt ou taxe, qui ne seroit pas supporté également par les trois Ordres.

A l'égard des peines ; le Tiers déclarera que la Loi devant être la même pour tous, il n'y a pas de raison pour en excepter la *Loi pénale*. La peine doit être attachée à l'*infraction* de la Loi, & non aux différences personnelles. L'*obligation* & la *peine* vont ensemble, elles sont les mêmes pour tous (1).

LA LIBERTÉ INDIVIDUELLE. C'est cer-

_____

(1) On remarquera, d'ailleurs, qu'il n'est pas possible d'abolir les Lettres de cachet, & d'assurer la liberté individuelle, si on ne commence pas par l'égalisation des peines. Je conseille fort de borner à cet arrêté, les statuts de la première Assemblée contre les *priviléges* personnels. Toutes les autres demandes, en ce genre, seront renvoyées aux Assemblées inférieures, pour avoir des avis & des instructions, &c.

tainement l'objet le plus preffant à affurer.
Le Citoyen qu'on prive de fa liberté, n'a
pas le temps d'attendre que les feffions
fuivantes des Etats-Généraux viennent à fon
fecours. C'eft une affaire à régler tout de fuite.

Profcrire tout ordre illégal.

Soumettre les ordres légaux à des regles
claires & certaines.

Et garantir les Citoyens des terribles effets
de l'obéiffance aveugle & illimitée, de la
part du Militaire.

La liberté de penfer, de parler, d'écrire,
d'imprimer & de publier fes écrits, eft une
partie effentielle de la liberté individuelle.
La Loi ne peut, à cet égard, comme à
tous les autres, défendre que ce qui *nuit
aux droits d'autrui*. Elle n'attaque pas la
faculté de parler, d'écrire, &c., ni fon
exercice, mais feulement fes abus.

Il doit en être de même de la faculté de
travailler, de produire, d'échanger & de
confommer. Tous ces faits conftituent la
liberté, qui n'a de limites, comme nous
venons de le dire, qu'au point où elle
commenceroit à nuire à la liberté des
autres. Ces limites font indiquées par la
Loi; telle eft fa fonction, & non pas celle
d'accorder aux uns des privileges aux dépens des autres. Car la Loi protege tout,
& n'accorde rien.

Arrêté : que les Etats-Généraux aboliront tout ce qui s'oppofe à la pleine liberté individuelle, confidérée dans toutes fes branches ; & qu'ils s'occuperont de la Loi qui doit en déterminer & en indiquer les véritables limites.

Arrêté : que la Loi qui fera faite pour mettre à couvert cette liberté fi maltraitée, jufqu'à préfent, en France, doit introduire parmi nous, le Jugement par *Jurés*; comme le feul moyen de défendre la liberté contre l'arbitraire de tous les pouvoirs à la fois.

LA CONSTITUTION. Il faut en jetter les fondemens avec l'attention de les affeoir d'une maniere inébranlable. Elle n'eft relative qu'au Gouvernement ; lui feul a befoin d'être conftitué.

Le Gouvernement d'un peuple fe forme du pouvoir *légiflatif*, du pouvoir *actif*, & de la force *coërcitive*.

Il n'eft pas encore queftion des deux dernieres parties.

Conftituer le pouvoir légiflatif n'eft autre chofe que former une bonne repréfentation, en la prenant à fa bafe, c'eft-à-dire, dans la généralité des Citoyens, & en la conduifant jufqu'au *Sénat national*, qui eft le couronnement de l'édifice, & où réfide l'exercice du pouvoir légiflatif.

Bafe de la repréfentation : il feroit bien

effentiel de faire une nouvelle divifion territoriale, par efpaces égaux, par-tout, excepté aux frontieres du Royaume, où pourtant on fe raprocheroit le plus qu'il feroit poffible de la divifion adoptée. Ce n'eft qu'en effaçant les limites des provinces qu'on parviendra à détruire tous ces privileges locaux, utilement réclamés lorfque nous étions fans conftitution, & qui continueront à êrre défendus par les provinces, même lorfqu'ils ne préfenteront plus que des obftacles à l'établiffement de *l'unité fociale.*

Puifque la conftitution eft une chofe nouvelle, pourquoi vous aftreindre à la calquer fur des divifions anciennes ? Que le nouvel ordre de repréfentation embraffe uniformement toutes les parties de la France, & bientôt vous le verrez fe fubftituer à ces partages difproportionné qui, au fond, ne font relatifs qu'à des différences d'adminiftration. Il eft fûr que la divifion *adminiftrative* n'a aucun droit à fervir de mefure à une divifion *repréfentative*, & il n'eft pas moins certain que les Affemblées repréfentatives, une fois établies par-tout, oppoferont aux vieilles réclamations des Pays d'état, une force irréfiftible de raifon & d'intérêt lié avec l'intérêt national. Je

ne connois pas de moyen plus puiſſant &
plus prompt de faire, ſans troubles, de
toutes les parties de la France un ſeul
Corps, & de tous les Peuples, qui la
diviſent, une ſeule Nation.

On place la baſe de la repréſentation
dans les *Paroiſſes*. Ce n'eſt pas le mieux ;
mais d'autres idées meneroient trop loin.
Dans les Villes où les Aſſemblées paroiſ-
ſiales ſeroient trop nombreuſes, on diviſera
la Paroiſſe en pluſieurs *quartiers*. Obſervez
que ces quartiers n'enverront pas des Députés intermédiaires au chef-lieu de la Paroiſſe. Non, ce ſeroit introduire l'inéga-
des dégrès intermédiaires. Chaque quartier
doit être conſidéré comme une Paroiſſe,
& enverra directement ſes Députés à l'Aſſemblée de diſtrict ou du canton ; ce qui
n'empêche pas que pour les affaires Mu-
nicipales, d'autres Députés des quartiers
ne forment, ſuivant l'uſage, l'Aſſemblée
ordinaire de Ville.

L'Aſſemblée de *Canton* compoſée de 20
à 30 Paroiſſes ou Quartiers, enverra ſes
Députés à l'Aſſemblée *provinciale*, qui
nommera les Repréſentans nationaux.

Nous ne pouvons donner ici tous les
développemens. Les Etats-Généraux régle-
ront le *nombre* des Députés des Paroiſſes,

probablement fur le nombre des individus. C'eft bien le caractere principal ; ce n'eft pas le feul. Je voudrois que ce fût en *raifon compofée* de plufieurs élémens. Mais, en difant peu, j'aurois l'air de manquer à mes principes ; & cependant je ne puis pas m'étendre ici. . . . Au furplus, la conftitution une fois établie, fe réformera d'elle-même.

La diftinction des Ordres fera le grand obftacle à l'établiffement d'une bonne repréfentation. En bonne regle, les droits *politiques* font perfonnellement égaux comme les droits *civils*. Ici, l'égalité des droits n'eft pas détruite par l'inégalité des fortunes ; de même l'égalité politique n'eft pas détruite par l'inégalité de raifon ou d'éloquence. Mais tout Citoyen contribuable vaut *un*, & un Citoyen ne peut pas être la fraction d'un autre. Je m'attends bien qu'on n'adoptera point ces principes, ils font trop bons. On continuera de compofer l'Affemblée légiflative dans le fyftême des droits politiques inégaux, fans être effrayé d'une mefure anti-fociale, qui convertit la pluralité en minorité, & qui donne à celle-ci les droits de celle-là.

Quand on ne peut faifir le mieux, il faut tâcher de s'en approcher. Dans cette vue, je crois qu'il feroit poffible de ne commencer à avoir égard à la divifion des Ordres qu'à l'Affemblée provinciale, lorfqu'il s'agit de nommer les Députés nationaux. Avant cela, les Paroiffes, les Cantons & les Provinces, fe formeroient pêle mêle. L'influence que les premiers Ordres fe flatteront d'exercer dans ces Affemblées, pourroit les engager à adopter ce plan.

A l'Affemblée *tertiaire* ou provinciale feulement, on compoferoit la grande Députation de *tant* de Nobles, *tant* d'Eccléfiaftiques, & *tant* de Membres de l'Ordre commun ; ce petit changement aideroit à fupporter le défordre, en attendant que les lumieres mettent les deux premieres claffes en état de mieux connoître leurs intérêts, & de les confondre dans le feul intérêt national.

Ainfi fe compoferoit à l'avenir le Sénat national, par les degrés intermédiaires que nous venons d'indiquer.

La *permanence* de toutes ces Affemblées doit être une Loi fondamentale ; après les avoir établies, vous les mettrez en activité ; d'abord, par le renvoi de cette foule de projets, & de demandes fur lefquelles vous requérez des inftructions, des avis, & des renfeignemens locaux. Enfuite, vous maintiendrez & affurerez leur activité, par la Loi conftitutionelle de l'impôt dont je parlerai plus bas.

Toutes ces Affemblées pourront régler elles-mêmes leurs vacances & s'ajourner à volonté.

Ce n'eft que parce qu'elles font *permanentes* qu'on peut leur permettre, excepté aux feuls Etats-Généraux, de donner leur confiance à une *Commiffion intermédiaire* pour fuivre les opérations.

La *régénération* de ces Affemblées eft une Loi non moins importante. Dans toutes, les Députés ne feront que pour trois ans. Il en fortira un tiers toutes les années, & par conféquent les Affemblées députantes éliront tous les ans un tiers du nombre des Nonces qu'elles ont à l'Affemblée fupérieure.

Le droit de *révoquer* fon Mandataire ne peut point être ôté à fon Commettant. Mais plufieurs motifs invitent à en gêner l'exercice jufqu'à un certain point.

Pour révoquer un Député, il faudra, 1°. que toutes les Affemblées inférieures qui ont concouru médiatement ou immédiatement à fon élection, le demandent ; d'où, trois demandes pour révoquer le Député national, deux pour le Député provincial, &c.; 2°. que l'Affemblée qui formera la premiere demande, ne puiffe le faire qu'à la pluralité des trois quarts de voix, les autres n'auront befoin que de la pluralité ordinaire, &c. &c. D'après toutes ces confidérations :

Arrêté : que les Etats-Généraux établiront une conftitution repréfentative, depuis les Affemblées paroiffiales, jufqu'à l'Affemblée nationale.

Que toutes ces Affemblées feront *permanentes* & libres de s'ajourner, & de fe mettre en vacances.

Que ce n'eft qu'à raifon de leur *permanence* qu'on peut leur permettre de confier à une Commiffion intermédiaire la fuite de leur geftion, ou la furveillance d'exécution.

Que les Etats-Généraux ne peuvent pas avoir befoin d'une Commiffion intermédiaire, ce font les Affemblées provinciales qui doivent lui en fervir naturellement.

Que la députation à toutes les Affemblées fera de trois ans feulement ; & que leur régénération fe fera par tiers tous les ans, &c.

Que cette inftitution aura lieu pendant la tenue de la premiere feffion des Etats-Généraux, afin qu'ils puiffent renvoyer à ces
Affemblées

Assemblées les demandes, &c. sur les-quelles on aura besoin d'instructions lo-cales, &c.

Que dès l'année 1790, les Assemblées inférieures pourront exercer le droit de régénération à l'égard des Assemblées su-périeures, y compris les Etats - Généraux ; afin d'y parvenir, on suspendra pour cette fois seulement la regle de la Députation triennale, & l'on accordera aux Assemblées inférieures, le droit de désigner le tiers des Membres qui devront quitter pour être remplacés par de nouveaux venus, choisis librement.

Deux motifs ont déterminé cet Arrêté : 1°. les Députations de 1789 seront indéfi-nies, il falloit les borner pour la durée; 2°. la crainte d'être compris dans le Tiers des Membres qui doivent sortir en 1790, les portera tous à mériter la confiance de leurs Commettans.

Arrêté : que les Députés appartenans à la Représentation nationale, à quelque de-gré que ce soit, recevront leurs salaires ou indemnités de l'Assemblée qui les aura dé-putés, & jamais d'une autre source.

Observations. Chaque Paroisse doit avoir une part, dans ses impositions locales, pour subvenir à ses depenses particulieres;

D

ainfi, point de difficulté à cet égard. Les Affemblées fecondaires & tertiaires, auront de même des deniers affectés à leurs dépenfes ; on voit comment elles pourront offrir des honoraires à leurs Députés.

Il eft plus effentiel qu'on ne croiroit d'abord, de rompre toute communication entre les Députés repréfentans, & le pouvoir exécutif. Dans peu de temps, il eft vrai, le fifc appartiendra entiérement à la Nation, & fes dépenfes feront dirigées par les échelles repréfentatives. Ce ne fera pas une raifon pour fe relâcher du principe que j'ai pofé dans les arrêtés ci-deffus. Il faut que les Mandataires ne foient payés que par leurs Commettans.

L'Impôt.

Arrêté : que les Etats - Généraux vérifieront, éclairciront, & publieront par la voie de l'impreffion l'état actuel des finances ; & que le même état fera annuellement publié à l'avenir.

Arrêté : que tout impôt non commun aux trois Ordres eft fupprimé de droit ; que la Taille fera convertie, partie en *fubvention* portant fur l'univerfalité des biens, partie en *taxe* fur les biens *affermés*, laquelle taxe ne fera point due par le Fermier, mais par le Propiétaire ; que les autres droits ou impôts non communs supprimés, ne feront point remplacés, parce qu'il paroît à l'Affemblée que le déficit que leur fuppreffion apportera aux finances, fera comblé avec avantage, par l'*égalifation* de paiement dans les impôts communs aux Ordres.

Arrêté : qu'on commencera par diftraire de la recette totale, la fomme entiere qui appartient annuellement aux Créanciers de l'Etat, & aux rembourfemens annuels, tels qu'ils auront été votés.

Arrêté : qu'il paroît à l'Affemblée que la reftauration du crédit, qui fera l'effet de la confolidation de la dette, & de l'adoption des bons principes relativement aux Finances de l'Etat, permettra d'ouvrir des Emprunts à un intérêt beaucoup plus bas que l'intérêt de 5 pour 100. Qu'en conféquence, les Etats-Généraux pourront amortir les intérêts les plus onéreux par des Emprunts bien conduits; mais que ces opérations ne doivent être ordonnées & finies que par la Nation elle-même, & non par aucune branche du pouvoir exécutif.

Arrêté : que la recette actuelle, déduction faite des intérêts de la dette, doit suffire aux dépenses de l'établissement public.

Arrêté : que toutes les dépenses, non nécessaires, seront supprimées; les autres, modérées & reglées sur le montant de la recette libre.

Arrêté : que le Trésor public doit être administré par celui qui paye, & non par celui qui dépense ; que les Etats-Généraux doivent se saisir de la recette & des paiemens dans toutes les parties ; & que nul emploi d'argent ne peut être déterminé ou changé que par les Etats-Généraux.

Arrêté : que les Vingtiemes sur les biens seront convertis en subvention; & que ce qui paroît n'être qu'un changement de nom facilitera pourtant l'égalisation de cet impôt.

Arrêté : que les Vingtiemes d'*industrie* étant une taxe impolitique, & fort peu avantageuse au Trésor public, seront supprimés, & que cette utile opération doit trouver un dédommagement abondant dans l'égalisation des autres Vingtiemes convertis en subvention.

Arrêté : qu'il ne doit y avoir qu'un rôle de Capitation pour toutes les classes de Citoyens, & qu'en travaillant à l'égalisation de cet impôt, on aura soin de porter en déduction, sur les moindres cottes, les

accroiſſemens qui proviendront des Contri-
buables riches , qui ne payoient pas aupá-
vant proportionnellement à leur fortune.

Arrêté : que toutes ces impoſitions , &
autres , feront de nouveau examinées dans
la feſſion fuivante , après avoir reçu, de la
part des Aſſemblées Provinciales , les renfeignemens, avis & inſtructions qui leur
feront demandés , à cet effet , pour parvenir enfin à aſſeoir les impoſitions fur leurs
véritables bafes , & les allier le moins mal
que l'on pourra , avec la profpérité publique.

Arrêté : que l'égalifation de l'impôt entre les Provinces n'eſt pas moins juſte &
néceſſaire que l'égalifation entre les Contri-
buables.

Arrêté : qu'une échelle de répartition ,
ou de proportion entre les Généralités, fera
formée avant qu'on vote l'impôt, & que
la fomme à répartir foit connue.

Arrêté : que les impoſitions, ci–deſſus
mentionnées , feront confiées aux Aſſemblées repréſentatives , lefquelles fe met-
tront auſſi – tôt en activité, tant pour
la répartition que pour la collecte & les
verfemens; que ces verfemens fe feront
dans des Caiſſes qui feront entiérement fous
la direction des Aſſemblées , & fous les

ordres de la grande Caiſſe nationale ; & que cette Caiſſe , ne pouvant appartenir qu'à la Nation , ne pourra être adminiſtrée que par ſes Repréſentans.

Arrêté : que parmi les autres impoſitions régies ou affermées, &c. &c. , toutes celles qui pourront facilement changer d'Adminiſtration & d'Adminiſtrateurs, ſeront confiées, par les Etats-Généraux, aux Aſſemblées repréſentatives inférieures , & que celles où des changemens utiles d'Adminiſtration & d'Adminiſtrateurs ne peuvent être que le fruit du tems & de l'expérience, ſeront pourtant *détachées* de leur ancienne dépendance , & miſes, ſans aucune eſpece de réſerve, ſous les ordres des Etats-Généraux, leſquels confieront aux Aſſemblées inférieures, au moins une ſurveillance locale , en attendant qu'un travail complet ſur toutes les parties de l'impôt, en laiſſe l'adminiſtration pleine & entiere aux Aſſemblées repréſentatives.

Arrêté : que tous les Agens , ſans diſtinction , employés au fiſc , ſeront dans la dépendance entiere des Aſſemblées repréſentatives , & n'auront rien de commun avec les diverſes branches du pouvoir exécutif, que de leur payer les dépenſes publiques , d'après les ordres des Etats-Généraux , &c.

Arrêté : que la loi de l'inaliénabilité des Domaines fera révoquée, comme contraire à la bonne politique, à la production rurale, &c.

Arrêté : qu'aucune Province, aucune Ville, aucun Ordre, aucune Corporation, aucune Compagnie, aucun individu, ne pourront voter des taxes, ni fournir des fecours d'argent au pouvoir exécutif, fans y être autorifés par les Etats-Généraux.

Arrêté : que la fuppofition d'une hoftilité imprévue ne peut rien changer au principe fondamental, que la Nation feule a le droit de fournir des fecours pour la chofe publique. Les Etats — Généraux, fuffent-ils en vacance pour le moment, peuvent être raffemblés & avoir voté l'emprunt dans un intervalle de fix femaines. Or, dans l'état actuel, les fecours ne fauroient être plus prompts ; au contraire, ils font, à défaut de crédit, beaucoup plus arriérés. Ainfi, ce n'eft pas retarder, c'eft accélérer que d'offrir des fonds qui doivent foutenir la guerre, & l'on doit s'en tenir à nos principes. D'ailleurs les Ordres militaires peuvent précéder le moment où le tréfor public peut folder les dépenfes, &c.

TROISIEME DIVISION.

Demandes & opérations que l'on peut renvoyer aux sessions suivantes, & sur lesquelles il est bon de consulter les Assemblées représentatives.

On sent qu'il ne faut ici qu'indiquer les principales matieres. Les Etats-Généraux, comme nous l'avons dit, accueilleront tout, se réservant de délibérer après avoir reçu les avis des Provinces. Il est très-sage, assurément, de n'avoir pas l'air de négliger les demandes des Bailliages & des Ordres. On peut s'attendre que lorsqu'elles reviendront, après avoir été discutées dans les Assemblées inférieures, elles seront probablement réduites à ce qu'il sera bon, juste & sage de demander.

La conversion des impôts.

Les abus de la féodalité.

La grande question des privilèges personnels, & celle non moins importante des privilèges des Provinces, à discuter dans toute leur étendue.

La reconnoissance du droit qu'a tout Citoyen d'être jugé par ses Pairs, & les moyens d'étendre la méthode des *Jurés* à

toutes les parties de la Justice civile &
criminelle.

Une Législation qui ait plus d'unité &
de simplicité.

L'uniformité des Coutumes, Poids &
Mesures.

Un plan de Police pour les Villes, &
pour la Campagne.

L'abolition des enrôlemens forcés sous
le nom de Milices & de Classes.

La proscription des abus de confiance,
si immoraux & si inutiles, qui se com-
mettent à la Poste aux Lettres.

Un système d'éducation nationale &
d'instruction pour tous les âges.

Enfin, on peut faire entrer tout ce qu'on
voudra dans cette division.

IIᵉ Partie de la seconde Classe.

Besoins du Bailliage.

En classant les délibérations, nous avons
eu pour motif, non-seulement de mettre
plus d'ordre & de clarté dans ce que nous
avions à dire ; non-seulement d'indiquer
pour les Etats-Généraux la marche qu'ils
peuvent suivre eux-mêmes, mais encore
d'éviter les dangers de la confusion, & des

erreurs de la vanité dans les Assemblées de Bailliage. La plupart des Electeurs arriveront à ces Assemblées avec la tête pleine de projets patriotiques, sans compter cette foule de demandes de détail, dont ils auront été chargés par leurs Commettans. Comment satisfaire à leur impatience, ou comment en empêcher les inconvéniens, si l'on ne commence par proposer comme différens *cadres*, où il sera permis à chacun de placer ses griefs, ses vues, ses intentions suivant la nature des matieres & l'importance des objets ? On connoîtroit peu les hommes, si l'on ne voyoit pas, qu'à défaut de cet ordre annoncé d'avance, l'amour-propre & toutes les jalousies de classes & de personnes se glisseront dans l'Assemblée. On disputera avec humeur sur les motions qui doivent passer les premieres ; on formera de petites intrigues, de petits partis, & les meilleures vues des uns, seront impitoyablement rejettées par les autres, uniquement par ce qu'on aura été rejetté soi-même.

Présentez, au contraire, la classification que nous avons adoptée, il n'est personne qui ne suspende le zèle de ses idées particulieres ; chacun espérera de voir venir son tour ; l'on conviendra qu'il est juste de traiter d'abord les grands objets d'un intérêt commun, & fur-tout de l'intérêt le plus preffant. On goûtera l'idée de recueillir les lumieres des Provinces fur toutes les queftions qui peuvent être renvoyées à la feconde feffion des Etats-Généraux. Les grandes opérations de l'Affemblée nationale paroîtront s'éclaircir, on fe raffurera, & l'on difputera moins fur les demandes d'un intérêt particulier, en fongeant qu'elles reviendront aux Affemblées inférieures, pour y être difcutées de nouveau, &c.

On ne doit donc point fe rendre diffi-cile fur les demandes particulieres aux Bailliages ; accueillez tout ce qui paroîtra tant foit peu raifonnable. Quelque longue que foit cette partie du Procès-verbal, par cela même qu'elle eft diftinĉte des ob-jets nationaux & preffans, il n'y a aucun inconvénient à la prolonger à volonté.

IIIᵉ Partie de la seconde Classe.

Befoins de l'Ordre.

Nous n'avons rien à dire fur cela, fi ce n'eft, que l'intérêt particulier à un Ordre eft l'ennemi de l'intérêt national.

IIIᵉ. CLASSE.

Délibérations concernant l'Election des Députés, pouvoirs, &c.

ARRÊTÉ ; que l'Assemblée nationale doit être composée, non de simples por-teurs de *votes*, qui n'auroient rien à y changer, mais de vrais Repréfentans, c'eft-à-dire, de Citoyens chargés par leurs Commettans, de propofer, de difcuter, de délibérer & de ftatuer.

OBSERVATIONS. Le Corps des Repréfentans d'un grand Peuple délibere, comme délibéreroit un très-petit Peuple affemblé en entier fur la Place publique. Il n'y a qu'une différence, c'eft que dans le petit Peuple, votant par lui-même, réfide la plénitude des droits & des pouvoirs, au lieu que dans l'Affemblée des Repréfentans d'une Nation, la miffion eft bornée par fon objet. Les Repréfentans ne repréfentent que pour ce qu'on leur a donné à faire. Mais dans la fphere de leur miffion, leurs pouvoirs font pleins & illimités. Il feroit ridicule que les Commettans en les chargeant de faire une Loi fur un fujet quelconque, leur refufaffent les moyens ou la liberté de la bien faire. Ainfi, on peut entendre le mot de *pleins pouvoirs* de deux manieres : ou c'eft le pouvoir de *tout faire*, limité feulement par la morale naturelle ; ce pouvoir n'appartient qu'à la Nation elle-même, ou vous entendez par *pleins pouvoirs*, le droit de *faire le mieux qu'on pourra* vers le but que vous avez donné à remplir à vos Députés. Dans ce fens, les pouvoirs font également illi-mités ; mais ils le font en *étendue* de droit dans la même affaire, & non en *étendue* fur l'univerfalité des affaires ; par exemple, fur celles mêmes qui forti-roient de la miffion que vous avez accor-dée. Ces diftinctions paroîtront métaphy-fiques, il faut cependant les faifir, & l'on verra alors clairement que la queftion des pouvoirs *limités* & *illimités* fe réduit à une queftion de mots. Les pouvoirs ne font jamais limités; ils font ou ils ne font pas. Hors de l'objet de ma procuration, je n'ai point de pouvoirs. Dans l'objet de ma pro-curation, ou vous me chargez de faire de mon mieux, comme vous feriez vous-même, dans ce cas je fuis votre *Repréfen-*

tant ; ou vous me chargez seulement de manifester votre avis, alors je ne suis qu'un *Porteur de votes* (1).

Or, la fonction d'un Député aux Etats Généraux ne peut pas se borner à celle d'un simple porteur de votes. Quel est l'objet de cette Assemblée ? De faire sortir une volonté commune de la multitude des volontés individuelles. Comment cela se pourroit-il, si chaque individu votant ne pouvoit rien changer à ce qu'il a une fois dit. Ici, revient la comparaison par laquelle j'ai commencé cet article, les Membres de l'Assemblée représentante sont entr'eux, ce que font sur la place publique les Citoyens d'une petite peuplade. Ils ne se réunissent pas seulement pour connoître l'opinion que chacun pouvoit avoir la veille, & se retirer ensuite ; ils s'assemblent pour

____

(1) Il vaut peut-être mieux s'attacher à mettre une différence entre *le pouvoir* & *des pouvoirs*. Le *pouvoir* donne le droit de délibérer & de décider. Les *pouvoirs* sont l'indication des affaires sur lesquelles on exercera le droit de délibérer, &c. Cette indication n'a pas besoin d'être faite *explicitement*, elle est la suite de la fin qu'une Nation se propose en se faisant représenter ; ou elle veut s'occuper de sa constitution par une représentation extraordinaire dont l'objet & les pouvoirs sont alors connus ; ou elle veut faire exercer sa législature : & l'on fait pareillement tout ce que doit embrasser une bonne législature.

balancer leurs opinions, pour les modifier, les épurer les unes par les autres, &
pour tirer enfin des lumieres de tous, un
avis à la pluralité, c'eſt-à-dire, la volonté
commune qui fait la Loi. Le mélange des
volontés individuelles, l'eſpece de fer-
mentation qu'elles éprouvent dans cette
opération, font néceſſaires pour compoſer
le réſultat qu'on en attend. Il faut donc que
les opinions puiſſent ſe concerter, céder,
en un mot, ſe modifier les uns les autres,
ſans quoi ce n'eſt plus une aſſemblée délibérante ; mais un *rendez-vous de courriers*,
prêts à repartir après avoir remis leurs dé-
pêches.

La queſtion des pouvoirs a été fort em-
brouillée, parce qu'on ne s'occupe gueres,
en général, à analyſer ſes idées. D'ailleurs
on s'eſt jetté dans les extrêmes, par deux
motifs oppoſés. Les uns redoutent un *danger*
dans des pouvoirs illimités, les autres craignent qu'on ne puiſſe *rien* déterminer avec
des pouvoirs limités. Ceux-ci doivent ſe
raſſurer. On convient que les Députés
viennent pour *délibérer* : or, ce mot em-
porte le droit de changer ſon opinion, ſoit
qu'on l'ait conçue ſoi-même, ſoit qu'on l'ait
reçue de ſes Commettans.

De plus, les limitations, les conditions, &c., que quelques Provinces ou Bailliages auroient mifes à leurs pouvoirs, n'empêchent pas que la loi ne foit toujours dans une Affemblée délibérante, l'avis de la pluralité. C'eft elle qui décidera malgré les conditions ou limitations, &c. Remarquez, en même tems, que cette pluralité repréfentera réellement la Nation entiere; perfonne, ne difpute, je penfe, la maxime qu'un Repréfentant ne l'eft pas feulement de fon Bailliâge, mais qu'il l'eft auffi de tout le Royaume. Il eft donc évident que la pluralité décide pour tous, & que la minorité ne peut pas fe plaindre de n'avoir pas été repréfentée. Plufieurs Provinces entieres ·pourront fe trouver dans la minorité, elles n'en feront pas moins obligées par la volonté commune.

Quant à ceux qui craignent qu'*on ne les vende à beaux deniers comptans*, c'eft l'expreffion que j'ai fouvent entendue; je les prie de confidérer qu'il ne peut pas exifter parmi les hommes une meilleure méthode de faire la loi, que la méthode des Repréfentans ? Verriez-vous moins de danger à laiffer à un homme, feul, l'exercice du pouvoir légiflatif ? Aimeriez-vous mieux quelques Miniftres, ou un nombre quelconque

conque d'Ariftocrates ? Préféreriez-vous la
Démocratie populaire, avec fes mouve-
mens tumultuaires & incertains ? Convenez
que le fyftême d'un Gouvernement repré-
fentatif eft le feul qui foit digne d'un Corps
d'Affociés qui aiment la liberté, ou pour
dire plus vrai, c'eft le feul Gouvernement
légitime. Occupez-vous feulement de bien
conftituer votre repréfentation ; tenez-la
conftamment fous votre dépendance ; pré-
venez par la régénération triennale la formation de l'efprit ariftocratique, &c. Enfin
offrez-lui fon but dans une bonne déclaration des droits qu'elle ne puiffe s'en écarter,
fans être à l'inftant punie par la perte de
votre confiance ; alors, croyez-moi, raffu-
rons-nous fur notre fort politique ; n'ayons
pas l'injufte partialité de craindre tout de
l'élite de la Nation, & de ne nous défier en
rien des décifions prifes dans des Affemblées
de Bailliages que nous rendrions fouveraines.
Nous fommes des malades à qui l'on propofe
la fanté la plus parfaite qu'il foit donné à
l'homme d'avoir, & nous nous attach ons à
rechercher, dans cet état de fanté, des
motifs d'une crainte ridicule !......

Arrêté : que les Députés aux Etats-Généraux doivent fe regarder comme les Repré-

sentans , non de leur seul Bailliage , mais de la Nation entiere.

) Arrêté: qu'ils ont droit de proposer, délibérer & statuer.

Je m'arrête. Les pouvoirs qu'on se propose d'exercer aux prochains Etats-Généraux sont certainement trop étendus. Je ne cesse de répéter que le pouvoir constituant & le pouvoir constitué ne devroient point se confondre ; que la mission donnée pour exercer la législature ordinaire , est toute différente de celle qui a pour objet d'établir ou de réformer la constitution. Mais la circonstance est telle qu'il ne faut pas trop réclamer les meilleurs principes. Aussi , fautil laisser les pouvoirs indéfinis, sans le marquer expressément. Les arrêtés que nous avons rédigés plus haut sur la constitution , montrent assez que l'on confie aux Députés de 1789 le sort de la France.